AF230590

LE

PARTI DU DROIT NATUREL

ET

LE PARTI DU DROIT DIVIN

PAR

P.-B. LACCHIA

L'histoire est le tribunal du monde.

SCHILLER.

Prix : 1 franc.

PARIS

ERNEST LEROUX, LIBRAIRE-ÉDITEUR

28, RUE BONAPARTE, 28

1879

LE
PARTI DU DROIT NATUREL

ET

LE PARTI DU DROIT DIVIN

PAR

P.-B. LACCHIA

L'histoire est le tribunal du monde.

SCHILLER.

Prix : 1 franc.

PARIS

ERNEST LEROUX, LIBRAIRE-ÉDITEUR

28, RUE BONAPARTE, 28

1879

A MES AMIS.

Mon incrédulité ne doit pas vous déplaire,
Mon cœur et ma foi, sans crainte, se déclaire !
(VOLTAIRE.)

L'homme de cœur et d'esprit patriotique et humanitaire, doit, en travaillant pour s'instruire, s'efforcer de faire, au possible, profiter ses semblables de ses lumières et de ses idées : il serait, en effet, odieux d'être savant, si l'on était égoïste.

Il faut donc étudier pour connaître le monde physique et moral dans lequel on vit, et il faut de même écrire pour éclairer les peuples, afin d'en soulager les misères, et répandre partout les semences de la liberté, de l'énergie et du bonheur public.

Le cœur de l'homme, en général, est touché des objets, selon le rapport qu'ils ont avec son avantage propre : c'est là ce qui règle son amour ou sa haine.

Or, dans ce que j'ai écrit, il y a bien de quoi irriter non-seulement les fanatiques, mais les indifférents eux-mêmes. C'est le langage familier d'un jeune homme qui a des nerfs très-sensibles, plein d'enthousiasme et d'avenir républicain. Plus violent par nature que par volonté, il dit vivement et hautement tout ce que lui inspirent son esprit et son cœur ardent au bien public, et, comme dit le poëte des amours :

Pensoso piu d'altrui, che di se stesso (1).

D'où il suit que je vais peut-être me heurter contre des sentiments absolus, c'est l'intérêt personnel ; mais c'est le cœur humain qui soulève des questions aussi violentes que terribles.

La religion, sans doute, est un bien puissant levier de domination pour les hommes dont la fureur de dominer leur ferait, sans le moindre scrupule du monde, mettre à feu et à sang, non-seulement la France, l'Italie, mais l'Europe tout entière, pourvu qu'ils puissent s'emparer des pouvoirs publics : comme sont incontestablement les Napoléon ainsi que toute la bande dont se compose leur essaim qui, de nos jours, déchire de nouveau la France (2). Et, pour le dire en passant, c'est horriblement triste de voir la France, que dis-je ? l'Europe toute entière livrée, depuis tantôt un siècle, à la fan-

(1) Plus soucieux d'autrui, que de soi-même.
(2) Cette brochure fut écrite, en plus grande partie, après le coup d'état du 16 mai, qui venait, dans un moment si inattendu, mettre en sérieux dangers la République. Sous l'empire de ce douloureux événement, on voulait, quoique à Rome, concourir, de toutes ses forces, à détourner de la France et de l'Italie de si grands malheurs. Mais, des circonstances fâcheuses nous empêchèrent, avec un regret inexprimable, d'accomplir notre devoir. Aujourd'hui quoique heureusement les événements politiques soient de beaucoup améliorés, néanmoins

taisie et aux brutaux instincts de cette race bâtarde
de tyrans, le malheur et la honte du siècle. — Livrons
donc tous ces joueurs de bourse, ces escrocs de toute
nature, ces bandits en habit noir et bien gantés, à
l'exécration publique !

Amis ! quoi qu'on en dise, il faut pourtant en con-
venir, qu'il n'y a aucune autre différence entre le clergé
et la police — cette véritable pieuvre sociale — à cela
près : que la dernière est entretenue par les tyrans
pour vous assommer à coups de poing et vous larder à
coups de baïonnettes, dès que l'indignation vous
arrachera un cri de terreur et d'horreur. Tandis que
le premier est splendidement entretenu, par les tyrans
mêmes, afin de vous briser dans l'âge tendre — et avec
cette politesse raffinée et doucereuse, sous laquelle se
dissimulent la férocité et la perversité des instincts —
cette énergie de cœur et d'esprit, cette grandeur d'âme,
cette soif de sacrifice pour le bien public, propre aux
hommes libres et éclairés, et vous rendre ainsi stu-
pides et obéissants.

Dans ces temps de fiévreuses agitations du clérica-
lisme forcené qui s'efforce de jeter le plus de trouble
possible à travers la marche glorieuse du progrès, je
m'attends aux malédictions de nos abbés en fureur,
ainsi que des hommes livrés aux turpitudes et aux roue-
ries d'une vieille politique.

Déjà, par la pensée, il me semble voir ces grands
maîtres des sots dont la valeur est absolument incon-

— en hâtant ce qui n'était utile que pour cette époque — il nous a
semblé qu'elle ne pouvait pas encore manquer d'intérêt public, c'est-à-
dire d'aider au triomphe des grands principes de la démocratie moderne.

nue mais dont le poids est énorme, affaissés dans des fauteuils, le ventre imposant, se dresser en colère. et, brandissant, à la Brutus, leurs couteaux de table, s'écrier d'un ton tout tragique, « *maudit auteur, si tu étais là !* » *Hélas !* ajoutent-ils dans leur noir courroux ; *avec de pareils écrits, le masque tombe, les martyres s'en vont, et le gredin seul reste. C'est là un bien sinistre présage pour nos marmites.*

Mais, lorsqu'on veut vouer son nom et sa vie au triomphe des grands principes sociaux, qui tendent de plus en plus au bien-être général, doit-on alors avoir du courage pour défier la haine et les persécutions des ennemis de l'humanité, si redoutables qu'ils puissent être ; et il faut de la force d'esprit et de la grandeur d'âme pour braver, joyeux, les attaques des faux sages, les revers de la fortune, et, au besoin, la mort elle-même.

On se console, d'ailleurs, des souffrances et des désapprobations des contemporains, en pensant qu'enfin c'est là le devoir le plus sacré de tous les gens de bien ; d'autant plus qu'on est sûr de rencontrer, tôt ou tard, les applaudissements des générations futures reconnaissantes.

Ainsi, fort du courage, de l'audace que donne le sentiment du devoir accompli, convaincu à l'évidence de la vérité absolument incontestable de tout ce que j'ai écrit, je dis donc d'avance à tous mes détracteurs présents et futurs : qu'ils n'ont qu'à me calomnier tant qu'il leur plaira, quant à moi, bien loin de m'en inquiéter et de m'en plaindre, je veux au contraire m'en tenir pour fort honoré. A ceux qui, selon leur habitude, couvrent de leur blâme les écrits des publicistes, je répondrai que je ne cours ni après la fortune, ni après la faveur du public, mais bien après la vérité, la justice et le devoir.

Le cœur navré et pénétré d'indignation de ne voir dans le monde, à quelques rares exceptions près, que des charlatants et des brigands qui triomphent à force de forfaits et de supplices ; ou bien de marionnettes et des esclaves qui naissent, travaillent et meurent pour le bon plaisir des premiers ; fortement convaincu que l'état social nous impose la tâche si honorable d'exercer toutes nos facultés pour conquérir notre bonheur et pour être utile à celui d'autrui ; le culte de la vérité, de la justice et de la liberté publique ; la haine implacable de l'imposture, de l'injustice et de toute tyrannie ; seuls, ces sentiments élevés qui font palpiter et tressaillir mon cœur : ces sentiments seuls, dis-je, guident ma plume.

Cela seul, ô mes amis, doit m'attirer votre bienveillance et votre sympathie : ce qui me tiendra lieu de savoir et de talent.—Je suis nouveau-venu dans la carrière littéraire, carrière difficile et dangereuse. *Audaces fortuna juvat*, dit le poëte latin : c'est ma divise. La pourrai-je justifier ! Je ne sais. En tout cas, poussé par un amour ardent de l'humanité, qui malgré moi et malgré tout m'entraîne, je poursuivrai mon but jusqu'au bout. L'atteindrai-je ? Je ne sais ; mais je serai heureux de l'avoir entrepris.

En m'écriant avec Montaigne : « *qu'il faut démasquer beaucoup de choses et de personnages,* » et convaincu, en outre, qu'il y a beaucoup de maux sociaux qu'il importe de guérir le plus tôt possible, et à tout prix : il faut donc avoir le courage de les indiquer hautement.

A quoi, d'ailleurs, reconnaît-on le vrai, l'ardent républicain, si ce n'est à sa vertueuse indignation contre les coquins de toutes espèces, et à l'âpreté de sa censure?

Bien plus ! Ce qui caractérise essentiellement le républicain, ce n'est point le siècle, le gouvernement dans lequel il vit, mais bien la franchise et l'énergie du langage, les sublimes élans de son génie vers tout ce qu'il y a de vrai, de beau, de grand ; la flamme des nobles passions et des généreux sacrifices.

Fort de ma conscience et de mon droit, armé de sublimes principes, et sous la lumière même de l'évidence, je viens donc signaler à l'indignation publique une secte affreuse, ensanglantée, et dont il n'est plus permis à personne d'ignorer comment elle a engendré les maux affreux dont souffrent l'Italie et la France ; ce qui trouble le monde.

Ce sont ces faits absolument incontestables qui doivent décider, devant le jury du monde pensant et honnête, de la justice de ma cause.

Veuillez donc, ô mes bons amis, agréer cette publication, qui n'est pas, d'ailleurs, sans intérêt d'actualité, comme un engagement librement contracté avec vous et en présence de tout l'univers, de servir à tout jamais la sainte cause de l'humanité avec la vertu des œuvres et des grands sacrifices.

LE PARTI DU DROIT NATUREL

ET

LE PARTI DU DROIT DIVIN

> L'histoire est le tribunal du monde.
> SCHILLER.

AVANT-PROPOS

Quand un homme veut embrasser du regard un horizon très-vaste, ne s'élève-t-il pas à une hauteur proportionnée à l'horizon qu'il veut découvrir?... De là il promène ses yeux, et n'importe où il repose ses regards, il aperçoit toute l'immensité de l'espace qui

l'enveloppe, et il voit devant lui le paysage le plus
varié, le plus sublime spectacle que la nature puisse
jamais présenter : « *naturæ vis atque majestas.* »

Quel immense tableau de beautés ravissantes et
éternelles ne se déroulera-t-il pas devant ses yeux,
émus et fascinés par tant de charmes? — Il sent alors
tous ses sens fortement frappés, agités, tourmentés.
Son imagination s'échauffe, la passion s'émeut, l'enthousiasme se change en délire. — Il s'annonce en lui
par un frémissement qui part de la poitrine et qui
passe d'une manière forte et rapide, comme la secousse
électrique, jusqu'aux extrémités du corps. — Son âme
s'élève ; son génie se développe : car, c'est au sein de
la nature que les cœurs contristés et les imaginations
ardentes des poëtes aiment à s'épancher librement et
donner une forme aux effusions de leur âme, brisée
par la douleur et par l'amour, comme l'orage renverse
les chênes dans la forêt.

Mystérieuse et bien puissante émotion que celle de
la solitude d'une immense campagne ! Nulle parole
ne vaut le silence de la plaine qui se détend, dans toute
sa magnificence, sous nos yeux. Oh ! combien tout
cela nous remplit d'émotions infiniment douces ou
amères et nous retient le cœur ! — car le sentiment de
l'infini et de l'éternité est le vertige des grandes âmes.
La passion veut que tout soit éternel, tandis que la
raison veut que tout finisse.

C'est alors que les hommes très-sensibles et à imagination vaste et cultivée — en laissant errer amoureuse-
ment leur regard sur le riant paysage qui s'étale dans
toute sa magnificence sous leurs pieds, — sont trans-
portés tour à tour du milieu des scènes les plus tou-

chantes de la vie humaine à la hauteur des régions intellectuelles ; car, l'image de l'infini lie le monde des sens et des émotions à celui des idées.

Quelle foule de sentiments, qui varient à chaque instant, ne doivent-ils pas agiter, tourmenter leur être ? — On n'éprouve alors d'autre soulagement qu'à verser au dehors un torrent d'idées, qui se pressent, se heurtent, se chassent, comme les vagues violemment agitées de la mer. — Les immenses et sublimes spectacles de la nature : l'amour ardent de la patrie, de la liberté, de la gloire ; les grandes passions qui traversent le cœur humain : voilà, la source intarissable où le génie puise ses puissantes inspirations.

Ainsi doit faire le philosophe. — Élevons-nous donc à ses hauteurs intellectuelles d'où l'œil peut contempler le passé, dominer le présent et entrevoir l'avenir. Dépouillons-nous par la pensée de nos habitudes de parti et de patrie. Laissons aux pieds de la montagne ces vêtements et ces sandales du jour et regardons.

Ce sommet d'où le philosophe peut contempler la route passée, présente et entrevoir la route future de l'humanité, c'est évidemment l'histoire ; — cette immense photographie indélébile des grandes luttes des peuples pour la vie et le progrès, des faits et des dits mémorables des hommes.

Et, comme le sentiment de la nature grande et libre saisissant notre âme nous révèle, par une mystérieuse inspiration, que les forces de l'univers sont soumises à des lois invariables : aussi cette vue rétrospective vers le passé lui permettra de saisir la filiation des choses et des idées de toute l'antiquité, tandis que les regards fixés vers l'avenir lui permettront de l'envisager dans toutes ses phases les plus sensibles.

Embrasser donc d'abord, avec enthousiasme et d'un seul coup d'œil, tous les trésors de la vie humaine ; éclairé par la raison et l'intelligence morale, élevées à leur plus haut degré d'abstraction et de pureté : — voilà la seule lumière qui doit éclairer, aux yeux du philosophe, le double horizon du passé et de l'avenir.

Spectateur alors intelligent et désintéressé des grandes tempêtes qui agitent la société humaine depuis son origine ; du flux et reflux des événements dont se compose son histoire ; il expliquera sûrement chaque vague par la vague qui la presse immédiatement. Il fera alors briller aux yeux des hommes, ce fait qui se révèle à travers toutes les phases du développement de l'esprit et des péripéties de la vie humaine : c'est-à-dire que la barbarie, les malheurs, les crimes, furent toujours en raison directe de l'ignorance des peuples et du pouvoir du prêtre : — que la prospérité des états et la civilisation sont toujours en rapport direct avec le développement de l'esprit : — que toute institution sociale a ses époques de lutte, de grandeur, de vertige et de décadence : — que la société, comme l'individu, est assujettie à ses révolutions diverses qui renouvellent les peuples, parce qu'elles sont naturelles au développement progressif de l'esprit humain, dont ils partagent invariablement les destinées : — et que si l'individu peut, quelquefois, impunément se soustraire à la grande loi humaine, la société, au contraire, ne peut absolument pas reculer devant aucun des obstacles qui tentent de s'opposer à l'exécution des grandes réformes, propres à chaque époque du développement intellectuel et social, si elle veut éviter ces catastrophes effrayantes qui emportent les peuples.

Car, si le but de l'ambitieux est de suivre le courant de l'opinion de son temps, *« cette reine du monde »*, celui du philosophe est d'éclairer les hommes. Le pouvoir des sociétés humaines, Bacon l'a dit, c'est l'intelligence, et ce pouvoir s'élève et s'abaisse avec elle. Le savoir, résultat du libre travail de la pensée sur les choses, ne doit pas être considéré seulement comme une jouissance de l'homme, mais bien comme l'antique et indestructible droit de l'humanité. Il fait partie de ses richesses, et, bien plus souvent, il est la compensation des biens que la nature a répartis avec parcimonie sur la terre.

Et le philosophe, dans ses recherches, ne doit pas avoir en vue que la vérité, sans avoir égard aux préjugés de son temps, aux conséquences momentanées qui peuvent en résulter. Il trahirait hautement sa conscience et ceux à qui ses conseils, ses écrits s'adressent, s'il pensait plus aux succès contemporains qu'aux succès futurs qu'au devoir et à la vérité : car, avec le temps, il sort toujours d'un faux bien un véritable mal.

En effet, l'homme n'agit que parce qu'il croit : aussi les hommes en masse agissent toujours conformément à ce qu'ils croient ; et les passions surtout de la multitude sont elles-mêmes déterminées par ses croyances. Si la croyance est pure et vraie, la tendance générale des actions humaines est droite et en harmonie avec l'ordre de la nature : mais si la croyance est erronée, les actions, au contraire, se dépravent : car l'erreur vicie tout ce qu'elle touche, tandis que la vérité perfectionne.

C'est donc au philosophe qu'incombe la tâche glorieuse de ramener les jeunes générations dans de meilleures voies ; — en rectifiant et en agrandissant leur raison, pour qu'elles puissent combattre, et rejeter avec mépris le joug honteux des superstitions absurdes et des pensées extravagantes.

Plus une société est corrompue, plus la foule est ignorante ou vicieuse, plus il faut essayer de la guérir. Le plus beau des spectacles, et propre à émouvoir la jeunesse généreuse, n'est-ce pas celui de voir des hommes, même au milieu de la défaillance universelle des âmes pour le bien public, et dans un siècle remarquable par son égoïsme, conserver encore tous les anciens courages et une foi inébranlable dans les devoirs du bon citoyen ?

D'ailleurs, tout écrivain vertueux doit nourrir dans son cœur cette noble espérance, qu'il y aura toujours, même dans cette foule, quelques âmes pour le comprendre, l'aimer et s'abreuver aux sources toujours fécondes de cette philosophie, qui raffermit les sentiments généreux et grandit l'intelligence.

Et quand même il se verrait tout seul, il aurait encore pour se soutenir ce sublime sentiment, qu'en ne se manquant pas à lui-même, il a contribué toujours à élever son époque, — en jetant alors son ancre à l'avenir, qu'il presse sur son sein brûlant les générations futures, innocentes de ses maux, et quand les temps seront venus, les bonnes semences perceront le sol de tous côtés.

*
* *

Ainsi placés, ainsi éclairés, amis, et en toute droiture d'âme embrassant, d'une seule vue d'esprit, ce vaste ensemble des phénomènes du monde matériel et moral, nous pouvons, dis-je, avec toute sûreté résoudre le grand problème du moi, de l'humanité et de tout l'univers qui nous entoure.

La raison, en effet, brisant, dédaigneuse, les chaînes d'airain dont la caste sacerdotale l'avait chargée, et adulte déjà, s'élance aujourd'hui, fière et glorieuse de sa puissance bienfaitrice, au dehors et parcourt ibre et sûre toute l'immensité de l'univers.

Et le grand soleil scientifique, en versant sa douce umière sur le genre humain, dissipa les ténèbres de l'erreur, où le monde était enseveli, et nous révéla l'essence du principe qui nous constitue, avec les conditions réelles de sa manifestation, de son développement et de sa fin.

Mais, si après un examen rigoureux et sincère — ou qu'on croit comme tel — votre esprit aime mieux flotter entre les deux partis, il faut qu'on le sache, si l'on peut encore l'ignorer « *qu'un semi-septicisme*, a dit Diderot, *est la marque d'un esprit faible, il décèle un raisonneur pusillanime, qui se laisse effrayer*

*par les conséquences : un superstitieux qui croit honorer
son Dieu par les entraves où il met sa raison, une espèce
d'incrédule qui craint de se démasquer à lui-même.* »
Rien ne peut mieux caractériser cette espèce de semi-
sceptiques, qui malheureusement composent la plus
grande partie de la moderne société, que ces trois vers
de Goëthe, dans le Faust ;

> Sans souci, voilà notre nom,
> Nous marchons sur les pieds, sinon
> Nous marchons très-bien sur la tête.

Depuis deux siècles, en effet, que le grand flambeau
de la philosophie positive éclaire l'univers tout entier,
après tant d'agitations, tant de déchirements, de crimes, de guerres épouvantables causées par le fanatisme
religieux, et que l'éducation éminemment scientifique
donnée à la jeunesse, en guérissant notre esprit de
l'épidémie religieuse, a fait disparaître en nous cette
tendance à croire au merveilleux, aux puissances spi-
rituelles ; — l'espace est absolument fermé à la bonne
foi ; — ou, pour parler plus clairement de nos jours,
on est honnête ou méchant homme avec pleine et entière conscience d'être tel.

Ainsi, M. de Montalembert écrivait à M. Dupin, —
il y a quelques années, — la lettre suivante :

« *Pour moi, je ne connais plus en France et dans tout
le monde que deux classes : celles de gens de cœur d'esprit et d'honneur, que l'iniquité révolte, qui croient à la
conscience, à la liberté, à la dignité de l'homme ; et celle
de courtisans de la peur, de la force et du succès, qui
exploitent les masses au détriment de toutes les supério-*

rités légitimes, et pour le seul appât du profit matériel et de la jalousie assouvie.

« Entre ces deux classes, je suis bien résolu à rester toujours de la première, et il me déplait de vous voir, même de loin, tendre la main à la seconde. »

CHAPITRE PREMIER

Rappelez-vous souvent à vous-mêmes,
que la nature n'a point fait des esclaves
ni des maîtres, et que personne sous le
ciel n'a plus d'autorité qu'elle.

(DIDEROT.)

Le droit de conquête n'étant pas un
droit n'en a pu fonder un autre.

(J.-J. ROUSSEAU.)

La lettre de M. de Montalembert nous prouve que deux partis diamétralement opposés, ayant engagé une lutte furieuse, au sujet de l'opinion publique et de l'empire du monde, sont décidés, comme le dit l'immortel Lope de Véga, « *porfiar hosta morir* » à persévérer jusqu'à la mort.

Il n'y a personne qui ne reconnaisse combien il importe de jeter un coup d'œil rapide sur les principes et les idées dont ces partis s'inspirent, et sur le but qu'ils poursuivent avec tant d'acharnement ; c'est-à-dire le *parti du droit naturel et parti du droit divin.*

Essayons donc, du mieux que nous pouvons, de marquer leur caractère et leur but social, en parcourant l'histoire et les écrits des grands hommes qui ont illustré ces partis.

LE PARTI DU DROIT NATUREL, — éclairé par le grand flambeau de la philosophie du xviiie siècle, qui dissipa les nuages accumulés sur l'esprit humain, portant dans son cœur cet amour pour la liberté des Brutus, des Rousseau, des Voltaire, des Diderot, des Robespierre, des Saint-Just, des Marat, des Danton, des Alfieri, des Foscolo, Mazzini, a, comme ces grands hommes, pour unique mais sublime religion, cet inébranlable sentiment : — *que l'homme, dans la société, doit fonder son bonheur sur le bonheur commun ; que servir les hommes de toutes les ressources que donnent le savoir et la puissance, c'est le plus beau des travaux et la plus glorieuse des vertus.*

La lumière réjouit l'honnête homme et trouble le scélérat : car l'erreur et le crime, seuls, cherchent l'obscurité, l'un, des mots, et l'autre, de la nuit. Tandis que la marque la plus irréfragable de la bonne foi de celui qui vous parle, c'est incontestablement de s'exprimer clairement et avec passion ; de même que la preuve de la vérité d'une doctrine est de la propager parmi les foules, dans la langue populaire. Car l'on ne peut bien comprendre que ce qui est, et l'on ne peut enseigner aux autres, et à tout le monde, que ce qui existe et ce qu'on comprend bien soi-même. Et, c'est seulement en instruisant le peuple qu'on travaille sérieusement à son bonheur, de même que le meilleur gouvernement est celui qui apprend aux hommes à se gouverner eux-mêmes.

Ce parti en s'inspirant au dogme sublime de la foi

nouvelle, qui ne reconnaît pour suprême existence, pour idéal infini que l'humanité ! — toute la séve de ses nobles passions est dirigée à l'affranchissement civil et religieux de la race humaine et à la réhabilitation des classes inférieures. — Tout en admettant qu'il y ait des familles, des peuples plus susceptibles de culture, plus civilisés, plus éclairés, il nie absolument que les uns soient de plus noble origine que les autres.—Tous sont également faits pour la liberté, pour cette liberté qui, dans un état de société peu avancée, n'appartient qu'à l'individu, mais que, chez les nations appelées à la jouissance de véritables institutions politiques, c'est le droit de la communauté tout entière.

Aussi, ce parti, avec un courage et une constance indomptables, s'efforce-t-il autant que possible, de faire tomber les barrières que des préjugés et des vues intéressées de toutes sortes et de toutes parts ont élevées entre les hommes: en faisant enfin envisager l'humanité dans tout son ensemble, sans distinction de religion, de nature, de couleur, comme un corps unique, marchant à grands pas vers un seul et même but, le libre développement des forces morales. — Car, c'est là le sublime but final de toutes les forces unies ensemble pour la grande lutte de la vie, le but suprême de la *sociabilité*, en même temps que la direction imposée à l'homme pour sa propre nature, et pour l'agrandissement indéfini de son existence.

Tout à fait convaincu qu'aujourd'hui l'âme du peuple est assez élevée pour comprendre et aimer la vérité, ses droits, tout aussi bien que ses devoirs, — avec l'indépendance qui ne saurait exister que dans l'honnêteté et dans l'absence complète de toute ambition maté-

rielle, — ce parti s'explique clairement et hautement
soit dans ses écrits, soit dans ses discours.

Et, afin de voir ce peuple lui-même agir en citoyen
libre et pur, en sacrifiant à la patrie et à l'humanité et
sa vie et son génie, il s'efforce de son mieux possible
d'enflammer les cœurs de l'amour de la liberté et de la
gloire, — ces deux puissances électriques pour les
hommes généreux et éclairés.

De la sorte, le sublime but qu'il poursuit depuis
tous les siècles avec l'ardeur et le dévouement d'une
idée inébranlable, c'est de graver dans le cœur de tous
les hommes les beaux vers du divin poëte :

> Considerate la vostra senienza,
> Fatti non fosti a viver come bruti,
> Ma per seguire virtude e conoscenza (1).

Ce parti, c'est celui de l'élite de tous les esprits généreux et de toutes les grandes âmes qui forment, pour
ainsi dire, l'immense foyer de la *République ;* où, de
tous les points de la terre, s'y rencontre, y fermente, y
prend corps et âme, la sublime pensée républicaine, et
en lui donnant la force toute-puissante du droit et de
la justice, il la répand par tout le monde.

Ce parti, on ne saurait trop le dire, c'est celui de
l'élite de tous les génies qui, dans tous les temps et les
lieux firent les grandes conquêtes sur la nature et sur
la pensée politique, religieuse et sociale, ainsi que toutes les découvertes scientifiques et industrielles, qui

______

(1) Souvenez-vous de votre origine ! — Vous ne fûtes pas créés pour
vivre comme les animaux, mais bien pour apprendre la connaissance
des choses et pour pratiquer la vertu.

forment le bonheur et la gloire de notre siècle. — Cette gloire, qui, tout en couvrant la honte et les malheurs de nos temps, dissipe la tristesse des cœurs honnêtes, qui inspire son antagonisme, et leur donne encore un gage sûr de bonheur plus grand pour les générations futures.

Ce parti, sous l'empire de cette idée qui se révèle sublime et flamboyante à travers toute l'histoire, et qui chaque jour étend plus que jamais sa salutaire influence sur tous les peuples, c'est-à-dire l'unité, l'égalité, la fraternité et perfectibilité de l'espèce humaine : — convaincu que plus les hommes seront éclairés, plus ils seront libres et heureux, avec des écrits qui retentissent des fiers accents de la liberté et du dévouement à la patrie, — ainsi parle-t-il aux peuples.

Peuples des deux mondes! ... Je briserai vos chaînes séculaires. Je défendrai vos droits avec le génie et le sang de mes frères. Protecteur de votre liberté, dont je porte le sacré étendard qui flotte déjà libre sur tous les continents et sur toutes les mers, aux vents de la gloire. — Sortez donc de votre assoupissement, cet avant-coureur de l'esclavage ! — Enflammez vos cœurs d'amour pour les grandes vertus républicaines de vos immortels aïeux, et du plaisir divin de la gloire! — La nuit de l'ignorance et de la tyrannie est enfin passée, et le soleil de la liberté et de la science couvre déjà de ses rayons vivifiants le monde tout entier, en mettant fin à tous vos malheurs.

Eclairez-vous donc à la lumière salutaire de la science, afin de détruire les honteux fantômes de la religion, c'est-à-dire de l'ignorance et de la terreur.

Pour cela, il faut défendre à outrance le libre exercice de la raison et la liberté de conscience : car, c'est là que gît, pour ainsi dire, la matière première de toute liberté politique et sociale, de même que tout progrès humain.

En effet, l'industrie et le commerce, comme tout exercice de l'activité humaine, supposent évidemment une vigueur d'intelligence, un génie inventif et une audace d'initiative et de sacrifice, qu'on n'obtiendra jamais sans liberté d'esprit et de cœur. Car pour former votre main en habile artiste, il faut avant tout former votre cerveau en pensant, et vous douer d'une âme audacieuse.

La liberté d'exercer toutes facultés humaines et de développer toute ressource sociale d'abord, puis l'instruction ; ou l'exercice d'une raison dégagée des préjugés asservissants qui la corrompent et l'enchaînent : — voilà la pierre fondamentale du grand édifice social, et la source intarissable de tout bien-être, de la gloire des nations, tout aussi bien que de l'individu.

En effet, la puissance de l'homme étant en raison directe de sa connaissance des choses, c'est donc en vous éclairant qu'on adoucira vos mœurs ; et c'est en adoucissant vos mœurs qu'on peut espérer de vous conduire à l'exercice d'une vie libre et vertueuse. Bien plus, c'est seulement à cultiver votre raison, votre esprit que vous trouverez enfin le vrai, l'unique bonheur de l'homme civilisé. « *C'est ainsi*, dit Humboldt, *qu'il est donné à l'homme de se montrer digne de sa haute destinée, en pénétrant les sens de la nature, en dévoilant ses secrets.* »

*
*

**

*_**

Le citoyen vertueux, ô peuples, ce n'est pas celui qui croit en Dieu et en l'âme, — c'est-à-dire à des fantômes que l'ignorance et la crainte firent éclore, et en tenant pour suprême gloire d'égorger une nation, s'il le faut, pour les défendre, — mais c'est celui-là qui, par pratique continuelle de toutes les vertus civiques et par des grandes œuvres de génie, se rend utile à ses concitoyens et glorieux pour sa patrie.

Seule, cette vertu-là brille environnée d'honneurs au-dessus de tout mépris et brave les siècles : car, ce n'est point le vent de la faveur populaire, chose mobile et changeante, qui lui donne ou lui enlève les rayonnants faisceaux ; mais, c'est le sceau du génie, la sublimité des leçons, l'héroïsme du dévouement pour la patrie par le citoyen, qui, s'inspirant du véritable patriotisme, montre à son pays les écueils, en même temps que la route pour les éviter.

Voilà ce qui seul peut élever un homme au-dessus de la foule, et ce qui seul peut détacher en relief un frontispice de gloire chez toute la postérité.

Aussi, l'homme, ayant besoin de la société pour vivre agréablement, doit-il par conséquent contribuer au bien-être de cette société avec toutes les forces physiques et intellectuelles dont-il est capable.

Il faut, en outre, un but dans la vie de l'homme : car la vie est moins que rien, si elle n'a pas pour compagnes de grandes vertus et de grandes œuvres. Et, n'est-ce pas la plus noble des prérogatives de l'homme, que celle qui le fait concourir, avec la nature, au développement indéfini de ses œuvres, pour le plus grand bien de l'humanité !

Aussi, avec une confiance illimitée dans vos forces

et dans vos droits, pour conquérir votre liberté et votre
bonheur : — Que tout citoyen s'occupe donc de la puissance et de la grandeur de sa patrie et de l'humanité
tout entière. — Voilà le sublime but que tous les
gens de bien et d'esprit doivent poursuivre, revendi-
quer avec toute l'énergie, avec tout l'héroïsme d'un
implacable amour patriotique.

Et, ceux d'entre vous qui ont de grands talents et la
vertu de grands sacrifices, seront un jour comptés
parmi cet élite de génies et de héros qui, haut dans
les cieux, planent comme les premiers et les institu-
teurs du genre humain.

CHAPITRE II.

> Au moins, je vais toucher une étrange matière,
> Ne vous scandalisez en aucune manière,
> Quoi que je puisse dire, il doit m'être permis,
> Car, c'est pour vous convaincre, ainsi que je promis.
>
> (Molière.)

> Ne pourra-t-on jamais prévoir, ni même
> guérir les maux de la société, tout aussi
> bien que ceux du corps, sans les indiquer
> clairement et hautement.
>
> (Bolth Stuart Mill.)

LE PARTI DU DROIT DIVIN, — la tête dans les cieux et les pieds dans l'enfer, est fondé sur la misère et l'ignorance des peuples, et repose en paix sur les débris de tous les hommes d'esprit et magnanimes.

Depuis l'origine de la société, comme une nuée d'oiseaux de proie, le voyons-nous fondre sur l'humanité tout entière, grâce aux moyens immenses qu'il possède de propagande et de corruption sur les foules, — privée de toute lumière, pour distinguer la vérité de la fausseté des doctrines.

Ces foules, sont encore continuellement excitées par une bande de *zélés faquins*, comme dit si justement Calvin, à bondir contre le premier parti, — qui ne cherche d'ailleurs que leur liberté et leur bonheur.

Ce parti a pour code moral le code infernal de Loyola et de saint Thomas (1) ; pour politique, celle de Machiavel, de ce grand homme, comme dit admirablement l'intègre poëte républicain :

(1) Voir à la fin.

> Che temprando lo scettro ai regnatori
> Gli allori ne sfronda, e alle genti svela
> Di che lagrime grondi e di che sangue ! (1)

***

C'est bien triste à dire ! Ce parti, en posant pour principe social que Dieu (2), dont on nous parle toujours mais que personne ne connaît, — dès le premier jour de la création a rendu tous ses décrets infaillibles ; et par conséquent de ce jour-là a été fait le choix, parmi les hommes de tout temps et de tous lieux, des *Elus* et des *Réprouvés*.

Ainsi, ce parti, composé uniquement des *Elus*, non-seulement, dit-il, est autorisé de Dieu, mais bien est-il de son premier devoir de punir, par le fer et le feu, quiconque d'entre les condamnés à l'esclavage tenterait de secouer son joug, c'est-à-dire se soustraire aux décrets immuables de Dieu.

Mais que le chant de l'immortel poëte (3) retentisse aujourd'hui de l'un à l'autre pôle :

> Quel barbare mortel à des âmes esclaves,
> A des peuples captifs dans de dures entraves,
> Enseigna le premier, malgré l'ordre commun,
> Que tous, en général, n'étaient faits que pour un !
> Enorme opinion ! exception cruelle

(1) De ce grand homme, qui, en trempant le sceptre aux rois, leur en ôta la gloire, et dévoila aux peuples de quelles larmes et de quel sang précieux il dégoutte.　　　　Ugo Foscolo.

(2) Quid ? Deum ipsum vidisti ? Cur igitur credis esse ?
　　　　Ciceron, De natura Deorum.

(3) Pope.

Aux points les plus précis de la loi naturelle !
De la fureur aveugle à l'injustice unie,
Dans le trouble et l'horreur naquit la tyrannie,
Bientôt, pour affermir sa domination,
Avec elle parut l'affreuse religion.
La cruelle, employant son zèle fanatique,
Erigea lâchement les conquérants en dieux
Et courba leurs sujets sous un joug odieux.
Elle les asservit aux plus folles chimères,
Fabriqua de ses mains des dieux imaginaires,
Dieux faibles, dieux changeants, injustes, emportés,
Jouets des passions, amis de voluptés.
Formés par les tyrans, ils en urent les vices,
Et de leurs noirs forfaits devinrent les complices.
L'amour-propre, effréné, voulant tout envahir,
Du juste et de l'injuste, habile à se servir,
Il soumit ses égaux à des lois arbitraires.
Fit valoir pour lui seul des droits imaginaires,
S'empara des honneurs, des biens et des plaisirs,
Et se crut tout permis pour flatter ses désirs.

Les sciences, dont le premier objet est l'exercice et la perfection du raisonnement, sont les guides les plus sûres de la bonne morale ; car, les connaissances adoucissent les mœurs et ennoblissent l'humanité.

Mais, ce parti, l'éternel ennemi de l'humanité, — afin d'étouffer toutes velléités d'affranchissement moral, cet épouvantail terrible, le seul qui le fasse trembler — ainsi parle-t-il aux foules.

« Dans le monde rien n'est plus dangereux que de faire exception par ses qualités intellectuelles. Prenez garde de sortir, par quelque bout, du troupeau bienheureux de la Sainte-Eglise catholique. Soyez sans imagination, sans cœur, sans franchise, bénêts, banals, blasés. — Voilà *comme il faut* être enfants du Christ, pour entrer dans le règne des cieux : car, *initium sa—*

pientiæ timor domini, c'est-à-dire hors des sots points de salut ! »

La raison, ajoute-t-il, n'a pas été donnée à l'homme pour l'usage de ses connaissances sociales et religieuses. A moi seul est donnée la connaissance de la vérité ! Mais il se garde bien de la dévoiler : il n'en fait pas mystère. — Alors que fait-il ?... il surexcite dans les hommes le sentiment et l'imagination.

Par toutes sortes d'exercices les plus ridicules, et par mille promesses fabuleuses et de terreurs extravagantes, il provoque le délire du cerveau : il fait naître des aspirations illusoires et des désirs sans aucune issue possible.

C'est par des ressorts aussi ténébreux qu'il remue les âmes simples et ardentes, il les corrompt, il leur ôte l'usage de la raison, et, cruellement en se jouant de la crédulité humaine, leur inspire d'extravagantes passions dont la plus honteuse est celle de les pousser à l'adoration de lui-même.

C'est, en effet, ce qu'a dit si admirablement le grand poëte Lamartine.

> Leurs dieux, dit le vieillard ; dans leurs affreux blasphèmes,
> Quelques hommes hardis, se sont faits dieux eux-mêmes.
>
> . . . .
>
> . . . .
>
> De prestiges sacrés éblouissant les yeux,
> L'ignorance et la peur les reconnaissent dieux.
> Pour imposer leur joug au reste de la terre,
> Ils cachent leurs secrets dans la nuit du mystère.
> Et sur l'esprit du peuple épaississant la nuit,
> Voilent le jour à ceux que leur fourbe séduit.
> Afin de conserver leur puissance funeste,
> Ces dieux, en petit nombre, aveuglent tout le reste.
> Répandant autour d'eux l'insulte et les affronts,
> Au-dessus de la foule ils élèvent leur front,

Des plus beaux des mortels leur caste se repeuple ;
Si quelqu'enfant d'élite est né parmi le peuple,
Ils le font égorger pour la paix du tyran :
Ou, pour se recruter, l'admettent dans leur rang,
Il apprend qu'il est dieu pour fouler aux pieds l'homme ;
Il immole, comme eux, à sa divinité,
Ainsi qu'un vil bétail toute l'humanité.
Il vit de la sueur de la race asservie,
Se lave dans son sang et joue avec sa vie.
Et ce n'est qu'à l'excès des forfaits odieux
Que l'esclave frissonne et reconnaît les Dieux !

I

Ce funeste parti a son centre d'action dans le Vatican — cet immense tanière de tyrans — où depuis tant de siècles des milliers de criminels, ayant toujours sur les lèvres les beaux mots, *Vérité*, *Piété*, *Intégrité*, *Amour du prochain*, étaient jadis continuellement occupés à emprisonner, torturer, empoisonner, pendre ou assassiner leurs ennemis, à savoir : toute personne éclairée et généreuse. Aujourd'hui, à défaut de puissance, ils se bornent tout simplement à tromper, abrutir les foules et renverser les âmes.

On le voit dans toutes les églises et dans tous les palais où règne la tyrannie, s'agiter d'un mouvement fébrile, comme la vermine dans un cadavre en putréfaction, et, exhalant son haleine impure ainsi qu'un miasme pestilentiel, infecter l'humanité du plus horrible des fléaux, c'est-à-dire du fanatisme religieux.

Jadis, en effet, dès que quelqu'un d'entre eux avait versé quelques mots dans la crédule oreille d'une mère, d'un père, d'une sœur, d'un frère, d'un ami : les devoirs les plus sacrés de la nature, de l'amitié, tous les anciens services étaient tout à coup oubliés.

Etais-tu dans le comble de la misère ?... ayant faim, étant nu ?... tu n'obtenais de toute personne ni un habit, ni un asile, ni un morceau de pain.

Vivais-tu?... on te fuyait comme un chien enragé.

Mourais-tu ?... ton corps, déchiré, tombant en lambeaux sanglants, était traîné dans la fange des rues par tes concitoyens, tes amis, tes parents eux-mêmes, excités par la tyrannie et enivrés de fanatisme. « *Dieu était leur prétexte, la fureur de dominer était leur Dieu, et les peuples enivrés de fanatisme étaient l'instrument et la victime de tant de partis opposés.* »

Et l'histoire témoigne comment, pendant le cours de tant de siècles, un homme digne des autels, par la crainte de ce parti, était alors privé même de sépulture.

Ainsi, je suis saisi d'une folle indignation lorsque je vois ces révérends, dans des temples éblouissants par des richesses immenses (1) et au milieu de la splendeur des pompes religieuses du paganisme, jeter l'épouvante dans les esprits !

Transportons-nous, en effet, au moyen âge, et voyez, par l'imagination, monter en chaire un moine ascétique, pâle de veilles et de jeûnes, commencer à décrire la comparution égale de toutes les âmes devant leur juge suprême : puis s'arrêter épouvanté, et du milieu

---

(1) Lorsque le culte extérieur a une grande magnificence, cela nous flatte et nous donne beaucoup d'attachement pour la religion. Ainsi la misère même des peuples est un motif qui les attache à cette religion qui a servi de prétexte à ceux qui ont causé leur misère.

MONTESQUIEU.

de son auditoire consterné, cette question s'élever : —
Dis-nous, maître, que vont entendre et souffrir toutes
ces âmes assemblées ?... Hélas ! répond-il, mes frères
très-aimés du Christ, je voulais aussi vous raconter ce
qui doit suivre : mais frappé d'effroi, je ne le puis, la
voix me manque et les pleurs s'échappent de mes
yeux, car ce récit est terrible... Dis, nous t'en prions,
au nom de Dieu et pour notre bien. — Je le dirai, dans
l'angoisse de mon cœur ; car vous ne pouvez pas l'entendre. Arrêtons-nous, je vous prie, enfants amis du
Christ. — Ces choses qui doivent suivre sont-elles
donc plus formidables que celles que nous avons enten-
dues ?... — Plus formidables cent fois et plus lamen-
tables, dignes de tous les pleurs et de tous les san-
glots : et si je les énonce, un tremblement saisira mes
auditeurs. — Raconte-les, ô maître, si tu peux, afin
qu'après t'avoir écouté, nous ayons plus d'ardeur à la
pénitence.

« Je le dirai avec larmes : on ne le peut dire autre-
ment : car ce sont les dernières misères. Mais, l'apôtre
nous ayant donné le mandat d'en instruire les hommes
fidèles, et vous étant fidèles, je dois vous montrer ces
choses : et vous les enseignerez à d'autres. Si mon
cœur se brise dans ce récit, secourez-moi de votre com-
passion, mes frères bien-aimés. »

« Le soleil se couvrira de ténèbres, la lune ne don-
nera pas sa clarté, les étoiles tomberont du ciel et les
puissances des cieux seront ébranlées. C'est alors que
toutes les tribus de la terre verront venir le Fils de
l'homme sur les nuées du ciel, avec une grande puissance et une grande gloire. Au son éclatant de la
trompette, il enverra ses anges qui rassembleront ses

élus des quatre coins de l'horizon et d'une extrémité
des cieux à l'autre. Alors il s'assiéra sur son trône
glorieux environné de ses anges. »

« C'est alors, dis-je, lorsque tous auront été bien
examinés et leurs œuvres mises à jour devant les
anges et les hommes, que tout genou sera courbé
devant Dieu, comme l'a dit l'Écriture; ceux qui auront
porté de bons fruits et brillés par de bonnes œuvres
seront séparés des inutiles. Alors les fils seront séparés des pères, et les amis des amis, alors l'épouse sera
séparée avec douleur de l'époux, pour n'avoir pas
gardé la pureté du lit nuptial; alors seront rejetés
aussi ceux qui, vierges de corps, ont été durs de
cœur et sans entrailles : et les coupables seront, à tout
jamais, précipités pêle-mêle par la bouche flamboyante
de l'enfer, dans des chaudières bouillantes. »

Sans doute, nous, ça nous fait sourire de pitié.
Mais ces êtres si naïfs et si tendres, ces enfants et ces
femmes, ces natures si délicates et si ardentes, ça les
fait encore frissonner. La mort... jugement dernier...
Dieu terrible... enfer, et surtout *les chaudières bouillantes, où l'on plonge à jamais les femmes malvivantes!*

Ces mots-là tombent du haut d'une chaire, au
milieu d'un silence solennel, prononcés par un homme
en robe de bure et répercutés par les échos d'une vieille
basilique, au milieu d'un sombre atmosphère, ces
mots-là, dis-je, sont terribles, et capables d'ébranler
encore les masses.

Frappé d'effroi, les pleurs s'échappent des yeux et l'on murmure avec terreur : *Oh! mon Dieu, ayez pitié de moi!* — Alors, tout en vue de se rendre digne du bonheur éternel — le pauvre s'empresse d'offrir son petit sou, et le riche de léguer ses biens à l'Église et aux monastères.

Exploitation sacrilége de la crédulité humaine, qui, en enrichissant les prêtres et les moines aux dépens des peuples, éleva tant de tyrannies sanguinaires qui désolèrent l'humanité pendant une si longue suite de siècles.

**
* *

Toutes ces peintures vivantes de terreurs du jugement dernier et de l'enfer, inspirées par l'enthousiasme religieux poussé jusqu'au délire, elles nous expliquent assez l'irrésistible panique dont les peuples étaient envahis pendant le moyen âge, et qui, frappant d'inertie tous les esprits de cette époque, suspendit le travail de la civilisation, enivra les masses de fanatisme farouche, et couvrit le monde de ténèbres, de misères, de barbarie, de crimes et de tyrannie (1).

En vain aujourd'hui que le souffle du bon sens plonge à jamais toutes ces terreurs idiotes dans le gouffre du néant, on s'efforcerait de se faire une idée à quelles folies honteuses et très-funestes les prêtres furent capables de pousser les hommes de cœur

(1) Quand je pense à l'ignorance profonde dans laquelle le clergé grec plongea les laïques, je ne puis m'empêcher de le comparer à ces Scythes dont parle Herodote, qui crevaient les yeux aux esclaves afin que rien ne pût les distraire et les empêcher de battre leur lait. Aucune affaire d'état, aucune paix, aucun mariage, ne se traitèrent que par le ministères des moines. On ne saurait croire quel mal il en résulta.

MONTESQUIEU.

et de vive imagination pendant toute cette époque,
sans les récits effroyables que nous laissèrent les pères
du désert, de Jérôme, par exemple, qui nous peignent
sous les plus vives couleurs les misères et l'abrutisse-
ment de la superstition.

«Combien de fois, dit Jérôme, retenu dans le désert,
parmi ces solitudes dévorées des feux du soleil, je
croyais assister aux délices de Rome! J'étais assis seul,
parce que mon âme était pleine d'amertume, Mes
membres étaient couverts d'un sac hideux. Mes traits
brûlés avaient la teinte noire d'un Ethiopien: je pleu-
rais, je gémissais chaque jour. »

« Si le sommeil m'accablait, malgré ma résistance,
mon corps heurtait contre une terre nue. Eh bien! moi
qui, par terreur de l'enfer, m'étais condamné à cette
prison habitée par les serpents et les tigres, je me
voyais, en imagination, transporté parmi les danses
des vierges romaines. Mon visage était pâle de jeûne,
et mon corps brûlait de désirs. Dans ce corps glacé,
dans cette chaire morte d'avance, l'incendie seul des
passions se rallumait encore. Alors privé de tout se-
cours, je me jetais aux pieds de Jésus-Christ, je les
arrosais de larmes, Je me souviens que, plus d'une fois,
je passais le jour et la nuit entière à pousser des cris
et à frapper ma poitrine, jusqu'au moment où Dieu
renvoyait la paix dans mon âme. Je redoutais l'asile
même de ma cellule: il me semblait complice de mes
pensées. Irrité contre moi-même, je m'enfonçais dans
le désert; et, si je découvrais quelque vallée plus profonde, quelque cime plus escarpée, là je me jetais en
prière, là je mettais mon corps aux fers. Souvent, le
Seigneur en est témoin, après des larmes abondantes,

après des regards longtemps élancés vers le ciel, je me voyais transporté parmi les chœurs des anges, et, triomphant d'allégresse, je chantais : Nous accourons vers toi, attirés par l'encens de la prière. »

Par tous ces rêves, par l'éclat de l'expression, et par ce monument effroyable du fanatisme religieux, nous pouvons concevoir dans quel état piteux était tombé alors l'esprit humain : car, ce que de nos jours peut encore nous offrir de bizarre, de ridicule le zèle religieux poussé au délire, rien n'était plus commun dans cette époque, la plus malheureuse du monde. Et, quand on réfléchit que de tels esprits comme les Paul, les Tertulien, les Athanase, les Grégoire, les Bazile, les Chrysostôme, les Synésius, les Ephrem, les Epiphane, les Hilaire, les Ambroise, les Jérôme, les Paulin, les Augustin, les Ambroise, jetés çà et là dans toute l'étendue de l'empire romain, remplissaient les imaginations de mille rêveries honteuses et funestes ; et que la religion offrait alors l'unique asile aux calamités affreuses de l'invasion des barbares, dont la foi nouvelle n'était pas la cause principale :—dans cette consternation générale, les âmes devaient naturellement être envahies par la plus terrible contagion religieuse qui ait jamais dégradé l'esprit humain, et ensanglanté l'humanité.

On conçoit alors, sans merveille, comment, dans cet épouvantable naufrage de la société romaine, les filles des Scipion, des Marcellus, des Camille, des Fabius, dont la gloire avait opprimé le monde ; effrayées par tant de malheurs, et charmées par l'éloquence de ces hommes qui séduisaient leur noble cœur et flattaient leur vive imagination par la perspective du bonheur éternel, aient pu quitter leurs palais et sacrifier leurs trésors, leur beauté, leur jeunesse au triomphe du Christianisme.

Ainsi, quand l'esprit se porte à considérer ce prodigieux égarement, on éprouve je ne sais quel sentiment d'indicible pitié pour les faiblesses humaines, et de haine contre toute doctrine qui tend à enflammer dans les hommes les croyances religieuses.

II

La LIBERTE, — élevant aujourd'hui sa tête couronnée de lumière de la science, — nous voyons enfin ce parti rouler, depuis un siècle, d'abîme en abîme, parcourant dans sa chute tous les degrés de l'erreur, sans pouvoir s'arrêter dans aucun. Affaissé sur le poids vengeur des vérités qu'il maudit, il tombe, et il s'enfonce tous les jours plus que jamais dans le gouffre d'un universel mépris, où ses crimes et sa cruauté l'ont précipité. Tel est le terme où aboutit nécessairement toute puissance fondée sur l'erreur et la cruauté.

En vain ses écrits hypocrites font retentir, au loin, les mots séduisants de *Vérité*, de *Liberté*, de *Justice*, d'*Amour*, de *Paix*. Le miel perfide de ses paroles déguise mal l'immense amertume et les noirs sentiments dont son cœur se nourrit. La haine : une haine implacable contre tout principe libéral, quoi qu'il fasse, perce à travers ces feintes démonstrations de justice, de bienveillance, d'humanité, et ne peut plus séduire personne.

Néanmoins, les souvenirs importuns de la toute-puissance de jadis et le sentiment de l'immense mépris du jour présent, ils le font frémir. Emporté par l'orgueil dont bouillonne son âme, — en voyant qu'après des efforts formidables on n'a pu faire à la République la plus légère brèche, il est trop bien instruit pour affronter désormais l'évidence et les lumières du siècle ; —aussi le voyons-nous aujourd'hui se précipiter avec fureur dans le gouffre ténébreux des plus laides passions humaines, pour y cacher l'humiliation de sa défaite et pour conserver quelques débris de la terrible puissance qu'il a, heureusement, perdue pour jamais.

Désabusé de ses rêves, et ne pouvant se résigner à son triste sort, dans cette position désespérée, et avec l'habileté que tout le monde lui connaît, il profite avec ardeur du désordre moral qui suit nécessairement, mais momentanément, toute grande époque de transformation sociale. Aussi, la corruption de la haute classe et l'avilissement du peuple : voilà l'arme avec laquelle il combat aujourd'hui, et il prospère.

L'intérêt et l'orgueil : un orgueil démesuré, voilà les tristes sentiments qu'anime ce parti propagateur de l'erreur et de la sottise ; et qui sacrifierait toutes les générations présentes au triomphe de ses principes barbares et désastreux. Car, livré et asservi aux voluptés, emporté par l'ardeur de ses instincts brutaux, il viole, sans le moindre scrupule du monde, toutes les lois naturelles et humaines.

> Il se moque du ciel et de la Providence,
> Il aime mieux Bacchus et la mère d'amour,
> Ce sont ses deux grands saints pour la nuit et le jour;
> Et passant mollement du lit à la table,
> Il ne craint ni les lois, ni rois, ni dieu, ni diable.

*_**

En présence de ces faits incontestables, n'est-ce pas encore le temps, ô peuples, de lui crier un terrible: *Mané, Thécel, Pharès !*

Car, toute institution sociale, depuis la plus petite jusqu'à la plus considérable, a son côté spécial par lequel elle contribue à la grande œuvre de la civilisation ; mais la durée de son action est évidemment relative à la force du besoin social qu'elle fut appelée à satisfaire. Ainsi, une fois le besoin satisfait ; une fois que son œuvre de service pour l'humanité est terminée, elle ne peut plus qu'entraver la marche du progrès; et par conséquent son pouvoir doit s'évanouir pour faire place à de nouvelles institutions appelées par les nouveaux besoins sociaux, et plus conformes au degrés du développement de l'esprit humain.

Et si, en bonne justice, on doit admirer la grande puissance que l'Eglise romaine exerça sur les hommes pendant tout le moyen âge, par l'austérité de la vie, par les vertus éprouvées du clergé des temps héroïques du christianisme, on est d'autant plus indigné de la vie scandaleuse et de l'ignorance grossière du clergé contemporain.

Oh oui ! « Il y a bien loin des personnages illustres par leur sainteté, par leur science et par leur génie, que le monde connaît sous le nom de Pères de l'Église, à nos vulgaires ambitieux qui font servir le triomphe du Christianisme au triomphe de leurs passions. »

Chez nos pharisiens, en effet, la politique étouffe toute bonne inspiration du cœur, et ne se servent de

la douce morale de l'Evangile, empruntée à la philosophie grecque, que pour mieux séduire les hommes.

Et, tant que la nature humaine sera pervertie par
leur éducation, énervée par l'oppression religieuse, et
courbée sous le joug des préjugés et des passions as-
servissantes : les tyrans trouveront toujours dans les
peuples des agneaux, des victimes à leur funeste ambition.

Mais aujourd'hui, amis, haut les cœurs! grâce aux
Epicure, Aristote, Lucrèce, Abeilard, Descartes,
Galilée, Bacon, Luther, Calvin, Spinoza, Montaigne,
Kant, Hobbes, Bayle, Montesquieu, Voltaire, Rousseau
Diderot, Helvétius, Holbach, grâce aux martyrs de
la grande Révolution, — grâce aux Prudhomme,
A. Comte, Raspail, Littré, Humbold, Darwin, Renan,
V. Hugo, Gambetta, L. Blanc, E. de Girardin, Blanqui,
Rochefort, — grâce aux Dante, Machiavel Alfieri,
Foscolo, Mazzini, Garibaldi, et à tant d'autres encore
apôtres et martyrs de la raison et de la liberté.

> Son trône ensanglanté, et ses superbes débris,
> Sous les pieds du vulgaire excitent le mépris.
> Dans la fange abattu, l'orgueilleux diadème,
> Invoque vainement la majesté suprême.
> . . . .
> Il est doux d'écraser ce qu'on a redouté !

Ainsi, quelques hommes armés de la seule raison
vainquirent cette Eglise superbe qui dominait, par le
fer et le feu, la terre tout entière.

Ne sentons-nous pas, en effet, de nos jours, ce parti remplir l'air de gémissements ; verser des torrents de larmes et s'écrier dans son triste courroux :

« *Hélas ! Les beaux jours des Borgia, des Dominique, des Torquemada, des Arbues sont passés. — Heureux ces temps là ! Oh ! bien heureux. — Nous faisions alors d'un seul regard, comme la foudre et le tonnerre, trembler le monde tout entier. Notre pouvoir dictatorial comme une comète aux rayons sanglants, traînant après elle : prison, exil, torture, bûcher, échafaud, enfer, tout réservé à quiconque osait penser et avoir un cœur, planait, haut dans les cieux, effrayant les mortels. — La pâleur de la misère et le servil effroi : voilà la livrée que nous faisions porter aux peuples. — Le monde alors n'était qu'un immense tombeau, où l'on ne voyait sourire que ce qu'était privé d'intelligence ou de cœur.*

**

*
* *

CONCLUSION

Comme il est vrai que demain le soleil se lève,
Ainsi est-il vrai qu'un jour régnera la vérité.

(SCHILLER).

Nous avons ainsi retracé, dans leurs traits les plus généraux, les deux puissants partis qui dominent la société de notre époque.

« Pour tous ceux dont leur esprit, — pour me servir de la belle expression de M. Littré, — a ressenti l'action de ce que j'appellerai l'ouverture de l'univers et de l'immensité, » ne peuvent ils évidemment plus voir dans la société moderne que ces deux puissants partis.

Il faudrait, en effet, ne pas connaître ni la philosophie, ni la politique, ni l'histoire, ni même être à la portée de l'esprit du siècle, pour en douter, ne fût-ce que pour un temps.

Aussi, disons-nous avec le grand poëte V. Hugo ; *qu'aujourd'hui, il n'y a plus que deux consciences : celle du cœur, et celle de l'estomac.*

Que le jeune citoyen, entrant dans la société choisisse donc entre les deux consciences, c'est-à-dire entre les deux partis. Ainsi,

La liberté nous porte entre ce double abîme,
Du bien par la vertu, et du mal par le crime :
Avec l'or qu'on entasse, entasser les forfaits.

Voilà, mes amis, sous quelles influences, par quelles impulsations l'humanité marche à la conquête de son but ; c'est-à-dire à son bonheur, par la paix et la liberté ; à sa gloire, par le travail et les vertus civiques.

De la sorte, en laissant réfléchir cette brève lumière historique et philosophique sur la situation présente de la société humaine, nous pouvons, de ce point de vue incontestable, déjà reconnaître la route sûre et glorieuse par laquelle elle s'avance lentement, mais d'une marche résolue et continue.

Nous pouvons encore, par cette simple comparaison de deux partis politiques, envisager et pressentir, dès à présent, les événements politiques et moraux des générations futures : car nous avons là, pour ainsi dire, un sûr télescope qui nous permettra d'entrevoir l'avenir dans toutes ses phases les plus marquées.

Lorsque le philosophe promène son esprit sur les conditions politiques, religieuses, sociales et morales des sociétés anciennes, et va les comparant avec celles de notre temps, quelle grande joie ne sent-il pas en voyant l'immense progrès que depuis un siècle à peine a fait l'humanité tout entière !

Quelle épreuve plus éclatante que l'amour du droit, en même temps que celui du devoir, s'est déjà si fortement emparé du cœur et de l'esprit du peuple, comme celle des élections des députés du 14 octobre 77, et surtout celle des élections sénatoriales du 5 janvier dernier ?

C'est là un fait tout nouveau dans les annales de l'humanité, un des plus grands faits que puisse jamais accomplir une nation. Il résume, en lui seul, tous les immenses efforts, toute la gloire des siècles écoulés et celle du présent.

Il marque, en effet, dans la tragique histoire de la société humaine, une époque toute nouvelle du développement social sous les grands principes républicains. Un point, pour ainsi dire, d'où les peuples, éclairés et ardents à la liberté et au bien public, en s'écriant que désormais le canon, fût-il Krupp, n'est plus le maître du monde, mais la science, — s'élancèrent dans l'avenir de la *Liberté*, *Égalité*, *Fraternité* de tous les peuples.

O France ! grande et immortelle Vestale de la Liberté ! toi qui, au milieu des nations sur l'arène du progrès, as fait la première surgir les droits de l'homme, — pareil au fougueux coursier, à la tête superbe, aux crins flottants, fait voler dans le cirque les premiers tourbillons de poussière.

Mais il ne faut pas t'arrêter, ne fût-ce que pour te regarder dans la plénitude de ta gloire : car, tes rivaux, en frémissant de jalousie, d'un suprême bond peuvent se porter en avant.

Cours donc, ô ma patrie adoptive ! Vole donc, et sois à jamais l'avant-garde de la civilisation. Montre aux modernes Romains, à ces lions de jadis, s'ils

peuvent à leur tour être las des tyrans, comme il faut
s'en défaire, et comment une nation d'hommes se gouverne, — et les générations futures, reconnaissantes,
prononceront alors ton nom en pleurant de joie.

Les glorieux événements qui ont fait naguère l'ad-
miration des peuples civilisés et qui consacrèrent, d'une
manière splendide, les grands principes de la Révolution, ne peuvent pas évidemment laisser indiffé-
rente toute personne de cœur et d'esprit.

Comment peut-on donc encore hésiter dans le choix
du parti, en voyant cet esprit de grandeur, de dévouement pour le bien public qui anime toutes nos assemblées délibérantes, toute la presse ainsi que toutes les
foules ?

Ne voyons-nous pas, hommes et institutions, tout
emporté par le grand souffle révolutionnaire qui depuis un siècle remue tout le monde ! Comment peut-
on encore, avec raison, douter du triomphe prochain
de la République chez toutes les nations.

En effet, ce n'est pas là seulement le génie des écri-
vains, l'éloquence des orateurs, qui excitent dans les
peuples cet élan qui les emporte tous, comme le vent
furieux emporte la poussière. Mais, c'est parce que
l'humanité s'est avancée, et s'avance plus que jamais
vers son état de perfectionnement moral.

Peut-on jamais entraver la nature dans son mys-
térieux travail pour le perfectionnement de l'espèce

humaine ? — Cette force toute-puissante, amis, ce n'est pas autre chose que la loi d'*hérédité* qui gouverne tout organisme.

Cette force est si puissante, que celle du temps, qui nous entraîne, nous emporte tous, et toutes choses, comme des atomes, dans son tourbillon violent et éternel.

En effet, l'exil, la prison, la mort même ne change ni la pensée, ni la conscience. Toutes ces monstrueuses violations du droit des gens ne sauraient que confirmer, de plus en plus, les généreuses convictions et exciter les courages magnanimes : car, la grande âme des héros est très-élastique, plus on la comprime, plus elle trouve des ressorts pour s'élever.

De la sorte, l'âme pensante de l'humanité, c'est-dire les hommes de cœur et d'esprit, sont nombreux en effet. Ces athlètes invincibles sous l'arène de la liberté et du progrès, s'écrient-ils à jamais avec P.-L. Courier : *Laissez dire, laissons-nous blâmer, condamner, emprisonner, laissons nous pendre, mais publions notre pensée. Ce n'est pas un droit, c'est un devoir.*

D'ailleurs, la victime, en tombant sous le couteau de la tyrannie, n'a rien à craindre de plus. Tandis que le génie de la liberté ouvre à ces mânes les temples de la gloire, et les applaudissements de toutes les générations retentissent dans le concert de l'immortalité.

*
* *

II.

Aujourd'hui, amis, le grand flambeau de la philosophie éclaire l'univers tout entier. Ce n'est point le flambeau de cette philosophie vaine qui absorbe, qui use les esprits en ridicules contemplations ; qui détruit toute énergie civique, et qui poussait jadis les pères du désert à s'écrier : *périsse la figure du monde, pourvu que nous possédions la Jérusalem céleste !* N'est-ce pas là le vœu d'un homme au suprême délire d'ambition et d'égoïsme ?

Non, ce n'est point le flambeau de cette philosophie là chimérique et inhumaine ; mais de cette philosophie qui dota l'humanité de toutes les découvertes scientifiques, industrielles, politiques, sociales et morales qui forment le bonheur et la gloire de notre siècle, c'est-à-dire le flambeau de la philosophie de la nature, de la liberté, de l'égalité de tous les hommes et de la fraternité de tous les peuples.

Et les tyrans, amis, nous les voyons disparaître au grand souffle de cette philosophie qui a élargi à l'infini les bornes de l'entendement humain, comme la fumée au souffle de l'orage.

Mais, ce qui ne s'efface pas de la mémoire des hommes, ni du patrimoine intellectuel de l'humanité, c'est l'empreinte historique du sceau du génie au service d'un grand cœur, et l'héroïsme du dévouement pour la patrie et pour l'humanité.

De la sorte, tandis que les tyrans s'en vont, les su-

blimes leçons et les œuvres des grands hommes res-
tent, s'accroissent et fortifient l'esprit des nations.
Leur éternelle actualité, superbe et immense rayon-
nement du génie qui les enfanta ou du talent qui les
créa, donne à leurs œuvres, nées à une date même
très-éloignée, un incessant renouvellement de jeunesse.

Et le grand cœur qui les dicta a gravé sa flamme
sacrée sur des pages qui formeront éternellement l'immense foyer de la République. — C'est celui-là, le feu
destructeur de monarchies. — C'est cette chaleur-là,
qui fera bientôt éclore la République chez toutes les
nations.

Ce sont en effet leurs ouvrages, qui, comme de gi-
gantesques et immortels phares, couvrant le monde
de rayons de leur flamme, nous éclairent le passé le présent et même l'avenir ; et, en soufflant sur les générations nouvelles les saints enthousiasmes pour le vrai, le
beau, le grand, excitent en eux cet élan des grandes et
utiles entreprises, de ces immolations antiques sur
l'autel de la patrie et de l'humanité.

Ce sont leurs ouvrages, encore une fois, qui forment
le guide infaillible des peuples dans la prospérité, de
même que la consolation dans la mauvaise fortune.
Tandis que leur esprit, en s'inspirant aux sublimes
exemples de leur âme républicaine, et marchant pleins
d'ardeur par la route tracée par eux, repoussent ainsi
les forfaitures offerts par le deuxième parti.

Les souvenirs de la vertu glorifiée deviennent l'intarissable source de la vertu, de l'héroïsme du dévouement pour la patrie. Le désir de mériter les louanges

qu'on donne à la vertu, nous enflamme le cœur de nouveaux courages, et les applaudissements qu'on prodigue à la valeur et à l'esprit contribuent beaucoup à les faire aimer et à les augmenter.

Aussi, tout cet élite de héros, de génies au service de la liberté, de la puissance, de la grandeur de la patrie et du progrès humain a pour consécration l'histoire ; et le grand artiste a buriné leurs noms, leurs images sur le marbre et sur l'airain.

Il n'est donc donné à personne de faire disparaître leurs œuvres du patrimoine intellectuel de la grande famille humaine ; ni cacher leurs sublimes exemples de vertu républicaine, ni non plus rayer leurs souvenirs du cœur des peuples, qui, émus aux larmes, s'écrieront à jamais :

> Egregios animos qui sanguine nobis,
> Hanc patriam pepere suo !

Grands cœurs ! qui de leur sang nous ont fait une patrie !

Quelles que soient donc les déterminations politiques des gouvernements contemporains, la cause de liberté et du progrès n'a rien à craindre. Elle est enfin devenue universelle. Elle fait palpiter fortement tous les cœurs généreux et emflamme tous les nobles esprits.

Il y a aujourd'hui, en effet, trop d'ardeur aussi bien dans les hautes sphères sociales que dans les foules, pour craindre qu'on puisse entraver la sainte cause de la liberté. De cette liberté que l'on a conquise au prix

de tant d'efforts, de tant de souffrances, de tant de
sang; et on oubliera jamais combien il y a fallu de
siècles.

Aussi, n'entendons-nous pas, de l'un à l'autre pôle,
chanter, à la poitrine frémissante, les beaux vers du
poëte :

> On dit qu'avant la boîte apporté à Pandore,
> Nous étions tous égaux. Quoi! nous sommes encore ?
> Avoir les mêmes droits à la félicité,
> C'est pour nous la parfaite égalité.

Ou, pour parler plus clairement, c'est la grande
âme humaine, qui, déchirée pendant tant de siècles,
— lasse de mystères, de rois, de religions, de dieux, —
pousse dans l'air des cris, des menaces terribles, et
demande hautement de sortir d'un passé ensanglanté,
c'est-à-dire de la liberté des satrapes, de la fraternité des brigands, de la charité de la torture.

Et, à la place de toutes ces monstruosités, elle veut
impérieusement qu'on consacra les grands principes
de 89, sur lesquels soient désormais fondées la vie publique et privée des états de même que celle de tous
les citoyens ; — à savoir : *la liberté naturelle et sociale de tous les hommes ; la liberté sans limite de conscience ; le libre exercice de toutes les facultés humaines ;
la vraie égalité politique et sociale, de nom et de fait, de
tous les citoyens devant le plaisir comme devant le travail, afin de rendre ainsi l'homme sacré à l'homme lui-
même.*

[*]

C'est là, amis, un grand fait à signaler et qui doit suprêmement réjouir tous les cœurs bien faits et ardents au bien public.

Oui, il nous est bien doux de rendre un si grand hommage et d'avoir de si grandes espérances pour le triomphe de l'*esprit libéral*, ou de l'égalité de tous les hommes devant le plaisir tout aussi bien que devant le travail, — sur cet esprit malin du *droit divin*, c'est-à-dire de l'ignorance publique, de castes, du mystère, de la terreur, du criminalisme

Je constate ce grand fait avec une joie très-vive, et que je me crois en devoir d'épancher au dehors de mon mieux possible. — Vive donc la joie ! la sainte cause de la liberté et du progrès humain est enfin bien assurée.

« Eh ! comment, s'écria l'infatigable apôtre de la République. — Eh ! comment ne pas ressentir une sérieuse joie en pensant que cette multitude qui nous entoure, qui nous presse, qui parle le même langage, aime la même patrie, en qui nous reconnaissons notre nature et notre race, les mêmes besoins et les mêmes droits, se rapproche à grands pas vers le bien-être e le perfectionnement de toutes ses facultés morales et intellectuelles ?

« Quels préjugés égoïstes et funestes et quelles pusillanimes défiances pourraient nous rendre insensibles à ce lent événement de la démocratie pour lequel l'humanité tout entière a tant travaillé, tant souffert, tant combattu ?

« Comment ne pas voir avec orgueil les peuples se relever d'un si long abaissement où l'ignorance et le pouvoir civil et religieux les avaient plongés, et, pleins d'énergie et d'assurance, s'associer graduellement, par le travail et l'intelligence, à cette grande victoire de la pensée sur la matière, de la science sur la nature, véritable émancipation de l'humanité. »

L'esprit libéral, amis, ou cette philosophie, qui a *l'amour pour principe*, *l'ordre pour base et le progrès pour but*, c'est le vrai *in hoc signum vinces* du jour, c'est-à-dire le tout puissant principe par lequel on s'empare et on dominera tout le monde.

Aussi, c'est en lui seul, que désormais on trouvera la meilleure sauvegarde des intérêts matériels et moraux des modernes sociétés ; tout en donnant encore la plus utile, la plus noble satisfaction à l'activité humaine, aux plus sublimes aspirations de l'âme envers tout ce qu'il y a de fécond, de beau, de vraiment divin dans le monde.

C'est en lui seul qu'on doit aujourd'hui jeter les fondements de l'ordre du monde matériel et moral ; c'est-à-dire le bien-être, la puissance, la grandeur des nations.

Malheur, pour les peuples comme pour les individus si jamais on parviendra à l'oublier, car hors de lui, il n'y a que misères sur misères, tyrannies sur tyrannies, bûchers sur bûchers, échafauds sur échafauds.

Mais, en nous rassurant sur la victoire de la République, ou de la liberté et de la civilisation, — *avec le talent de bien faire pour notre toute puissante devise,* — redoublons, amis, nos courages et notre dévouement pour le triomphe des éclatantes vertus républicaines parmi les peuples. — Continuons, intrépides, à échauffer les esprits de l'amour de la science, à élever les peuples à la liberté et à la dignité humaine, afin que les soi-disants pasteurs d'un vil troupeau d'esclaves en voient sans cesse décroître le nombre et l'auréole de la gloire couronnera alors nos fronts à jamais.

NOTE

Pour maintenir la tyrannie, — dit saint Thomas, il faut faire mourir les plus puissants et les plus riches, parce que de tels gens peuvent se soulever contre les tyrans grâce à l'autorité dont ils disposent. Il est nécessaire encore de se défaire des grands esprits et des hommes savants parce qu'ils peuvent trouver les moyens, par la science, de miner la tyrannie. Il ne faut pas même qu'il y ait des écoles, car les savants ont de l'inclination pour les choses grandes et sont par conséquent courageux et magnanimes.

Pour maintenir la tyrannie il faut que les tyrans fassent en sorte que leurs sujets s'accusent les uns les autres, et se troublent eux-mêmes ; que l'ami persécute l'ami, et qu'il y ait de la discussion entre le même peuple et les riches, et de discorde entre les opulents : car en le faisant ils auront moins de moyens de se soulever à cause de leur division. Il faut aussi rendre pauvres les sujets afin qu'il leur soit d'autant plus difficile de se soulever contre le tyran. Il faut établir des subsides, c'est-à-dire de grandes exactions et un grand nombre : car, c'est le moyen de rendre bientôt pauvres les sujets. Les tyrans doivent aussi *susciter des guerres* (?) parmi leurs sujets et même parmi les étrangers afin qu'ils ne puissent négocier aucune chose contre eux. Les royaumes se maintiennent par le moyen des amis, mais un tyran ne doit se fier à personne pour se conserver en la tyrannie.

Il ne faut pas qu'un tyran, pour se maintenir dans la tyrannie, paraisse à ses sujets être cruel : car, s'il leur paraît tel, il se rendra odieux, ce qui peut les faire plus facilement soulever contre lui : mais il doit se rendre vénérable par l'excellence de quelque éminente vertu : car on doit rendre toute sorte de respect à la vertu : et s'il n'a pas cette qualité excellente, il doit faire semblant qu'il la possède.

Le tyran se doit rendre tel ,qu'il semble à ses sujets qu'il possède quelque éminente vertu, qui leur manque, et pour laquelle ils lui portent respect. *S'il n'a point de vertu, qu'il fasse en sorte qu'ils croient qu'il en ait !*

Imaginez-vous rien de plus infernal que ces maximes ? — plus pareils monstres, furent honorés pendant le règne du *droit divin*, plus seront maudits dans le règne du droit naturel.

Paris. — Typ. A. PARENT, rue Monsieur-le-Prince, 29-31.